PIÑATA!

Rebecca Emberley

 LITTLE, BROWN AND COMPANY

New York • An AOL Time Warner Company

Text and illustrations copyright © 2004 by Rebecca Emberley

First Edition

Library of Congress Cataloging-in-Publication Data

Emberley, Rebecca.
  Pinata / Rebecca Emberley.—1st ed.
    p. cm.
  ISBN 0-316-17412-2 (hardcover)
  1. Pinatas—Juvenile literature. 1. Title.
TT870.E52 2004
745.594'1—dc22   2003019649

10 9 8 7 6 5 4 3 2 1

Book design by Alyssa Morris

CPI

Printed in Belgium

The illustrations in this book were done in mixed media collage.
The text was set in Bernhard Gothic Medium and the display type is Matisse.

ABOUT THE PIÑATA

Although we most often think of the piñata as part of a Hispanic party game, did you know that it may have originated in China centuries ago? European explorers discovered that the Chinese used containers covered in colorful paper to celebrate the New Year. They hit the containers with colored sticks and seeds spilled out, representing good luck and plenty for the coming year. When this custom came to Europe in the 1300s, it was adapted for use in religious ceremonies. The Italian word *pignatta* means cooking pot, and piñatas were originally made of the same type of clay as pots. In the 1700s, Spanish people from North America used the piñata to attract people to celebrations. However, the Aztecs already had a similar tradition. A pot on a high stick, when broken, spilled many small treasures to the gods. The Mayans, great game players, added a blindfold to the celebration and hung the piñata, decorated with colorful feathers, from a rope. It has been used in many celebrations since then, and whatever the spilling gifts mean to those playing with the piñata, trying to break it remains an exciting game. Have fun with your piñata!

SOBRE LA PIÑATA

Aunque pensamos en la piñata como un juego de fiesta hispánico, ¿sabías que possiblemente originó en China hace siglos? Los exploradores europeos descubrieron que los chinos usaban recipientes cubiertos en papel colorado para celebrar el año nuevo. Ellos pegaron los recipientes con palos colorados y se cayeron las semillas, que representaban la suerte y la plenitud del año nuevo. Cuando esta costumbre llegó a Europa en el siglo catorce, fue adaptada por el uso en las ceremonias religiosas. La palabra italiana *pignatta* significa la olla, y las piñatas estaban hechas originalmente del mismo tipo de barro como las ollas. En el siglo dieciséis los misionarios españoles en camino a América del Norte usaban la piñata para atraer la gente a sus ceremonias. No obstante, los Aztecas ya tenían una tradicíon similar. Cuando rompieron una olla clavado en un palo alto, se derramaron muchos tesoros pequeños a los dioses. Los Mayas, gran jugadores, añadieron una venda a la ceremonia y colgaron la piñata, decorada de plumas coloradas, de una cuerda. Ha sido usada en muchas ceremonias desde aquel tiempo, y lo que quieren que significa el derramado de los regalos para los que juegan con la piñata, tratando de romperla todavía es un juego emocionante. ¡Diviértete con tu piñata!

We're having a party, and we have made a piñata.

Vamos a tener una fiesta, y hemos hecho una piñata.

We are going to fill it with wonderful things!

¡Vamos a llenarla con cosas marvillosas!

We're putting in candies in beautiful wrappers

Ponemos dulces en envolturas bonitas

and gum for blowing bubbles.

y chicle de bomba.

Whistles and yo-yos
Pitos y yo-yos

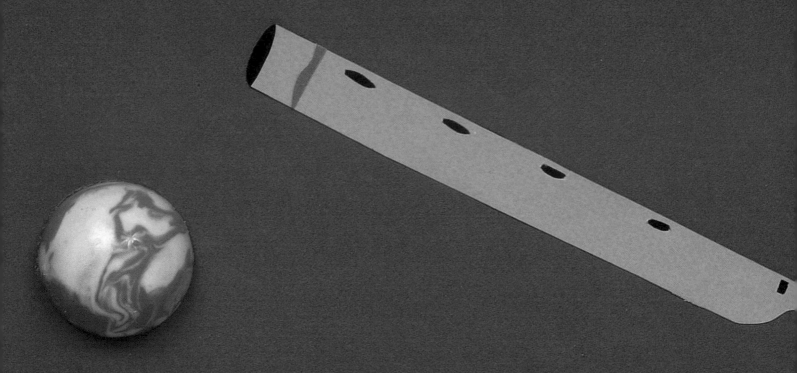

and rubber balls that bounce high.

y pelotas del caucho que rebotan altas.

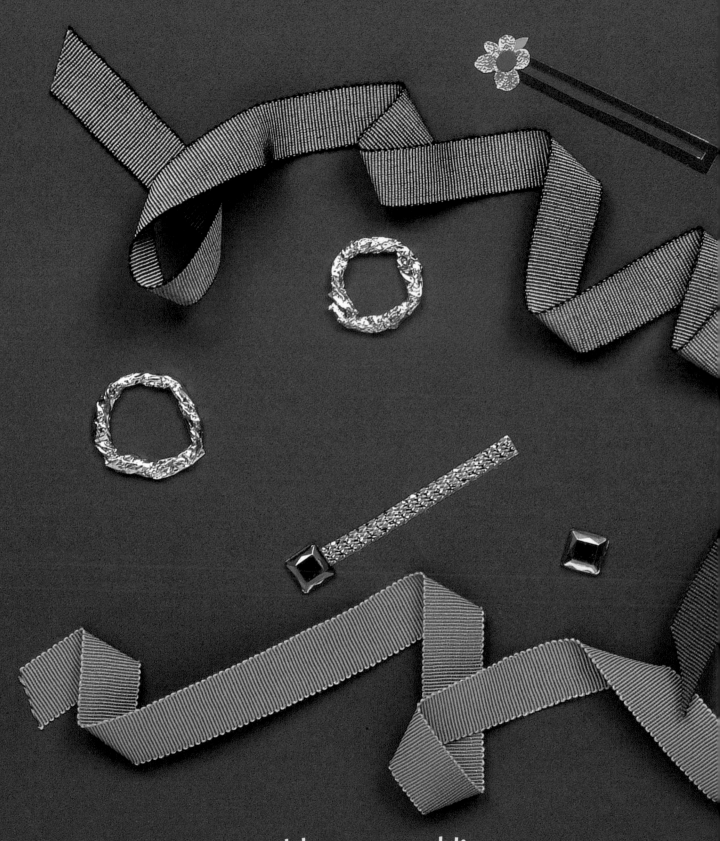

Barrettes, hair ribbons, sparkling jewels,

Pasadores, cintas de pelo, joyas brillantes,

and rings of silver that shine in the sun.

y anillos de plata que brillan en el sol.

We are putting in paper umbrellas

Ponemos paraguas de papel

and tissue-paper flowers of every color.

y flores de papel de seda en cada color.

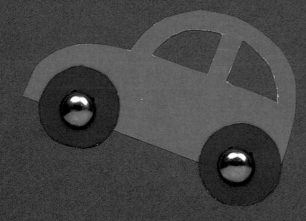

Little toy trains

Juguetes de trenes

and cars that go vroooom!

y carros que dicen, ¡Vrum!

Tiny colored pencils, pads of paper to draw,

Lápicitos de colores, papel para dibujar,

books on a chain, and little picture frames.

libros en cadena, y marquitos.

Brightly colored toy spiders,

Juguetes de arañas,

caterpillars, and butterflies.

orugas, y mariposas coloradas brillantes.

Frogs and snakes, even dinosaurs—

Ranas y serpientes y aún dinosaurios—

what treasures this piñata holds!

¡qué tesoros tiene esta piñata!

The last thing we put in is the confetti,

Lo último que ponemos adentro es el confeti,

bits of colored paper that fly through the air

¡trocitos de papel colorado que vuelan por el aire

when the piñata breaks open!

cuando la piñata se rompe!

Now we hang the piñata from a branch.
Ahora colgamos la piñata de una rama.

Someone will wear a blindfold . . .
Alguien con los ojos vendados . . .

and try to hit it with a stick.
trata de golpearla con un palo.

three,

tres,

two,

dos,

One,

¡Uno,

CRACK! HOORAY!
CRAC! ¡HURRA!

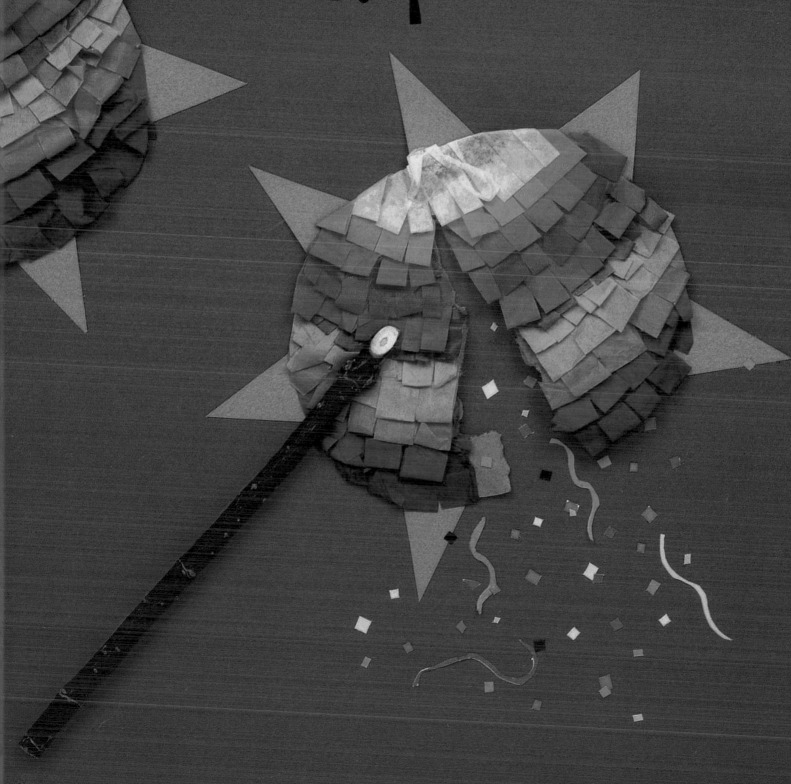

Can you name all the things we put into the piñata?

¿Puedes nombrar todas las cosas que pusimos en la piñata?

In English? In Spanish?
¿En inglés? ¿En español?

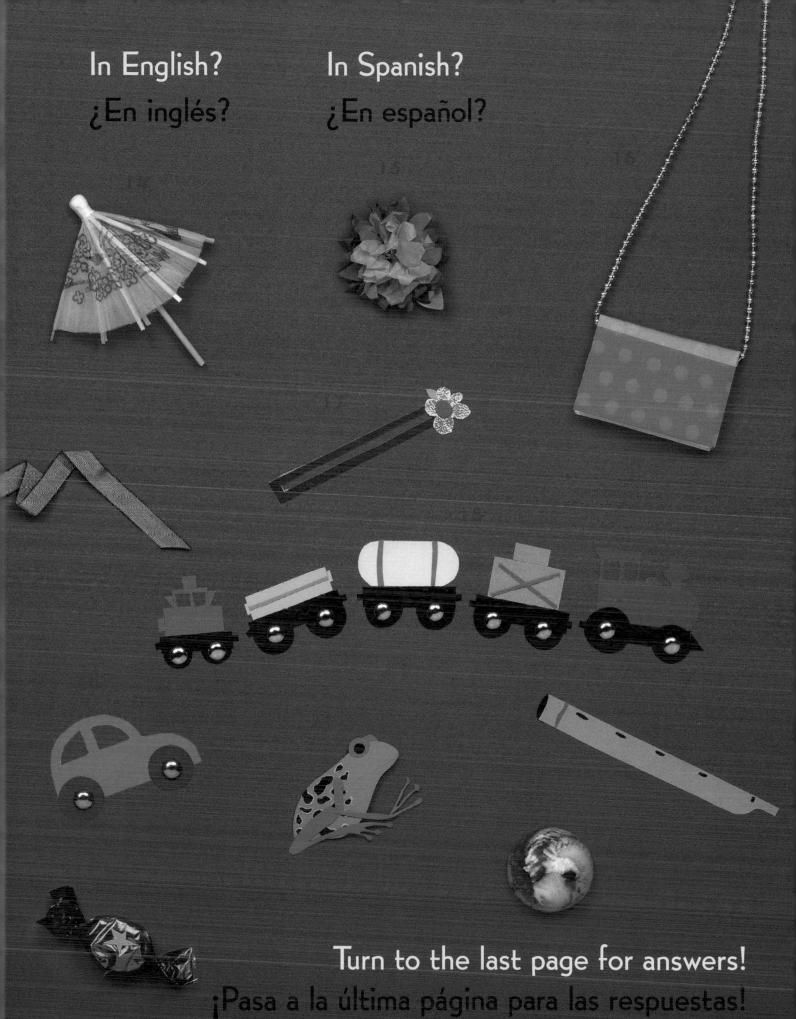

Turn to the last page for answers!
¡Pasa a la última página para las respuestas!

INSTRUCTIONS FOR MAKING A PIÑATA
INSTRUCCIONES PARA HACER UNA PIÑATA

You will need: strips of newspaper, a balloon, flour, and water.

Tu necesitarás: pedacitos de periódico, un globo, harina, y agua.

1. Make a paste of the flour and water. You may add some white glue if you like.

1. Haz una pasta de la harina y el agua. Puedes añadir goma blanca si quieres.

2. Dip the strips of newspaper into the paste and lay them over the inflated balloon.

2. Baña los pedacitos del periódico en la pasta y ponlos alrededor del globo inflado.

3. Cover the entire balloon and allow it to dry. Add another layer and allow that to dry, too.

3. Cubre el globo entero y déjalo que se seque. Añade otra capa y seca.

4. Decorate with colored tissue
or crepe paper.
You can also paint your piñata.

4. Decora con papel de seda
colorada o papel de crespón.
Puedes también pintar tu piñata.

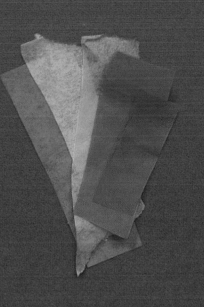

Cones can be made like this:
Se hacen los conos así:

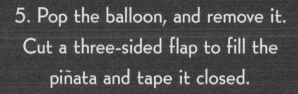

5. Pop the balloon, and remove it.
Cut a three-sided flap to fill the
piñata and tape it closed.

5. Reventa el globo y quítalo.
Corta una solapa de tres lados
para llenar la piñata y ciérrala
con cinta adhesiva.

Paper towel rolls make good
arms and legs.
Los rollos de toallas de papel pueden
ser utilizados para piernas y brazos.

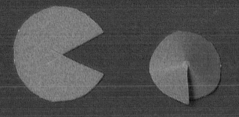

Ready to hang!
¡Lista para colgar!

ANSWERS
RESPUESTAS

1. Snake
1. Serpiente

2. Bubble gum
2. Chicle de bomba

3. Dinosaur
3. Dinosaurio

4. Sparkling jewels
4. Joyas brillantes

5. Ring of silver
5. Anillo de plata

6. Spider
6. Araña

7. Hair ribbon
7. Cinta de pelo

8. Yo-yo
8. Yo-yo

9. Butterfly
9. Mariposa

10. Little picture frame
10. Marquito

11. Caterpillar
11. Oruga

12. Pad of paper
12. Papel

13. Colored pencils
13. Lápicitos de colores

14. Paper umbrella
14. Paraguas de papel

15. Tissue-paper flower
15. Flor de papel

16. Book on a chain
16. Libro en cadena

17. Barrette
17. Pasador

18. Toy train
18. Trenito

19. Car
19. Carro

20. Candy
20. Dulces

21. Frog
21. Rana

22. Rubber ball
22. Pelota del caucho

23. Whistle
23. Pito